The Northrop Frye International Literary Festival honours Northrop Frye, one of the twentieth century's leading intellectuals, literary critics and educators. A celebration of Frye's contribution to culture and civilization, the festival is dedicated to the advancement of literacy and the appreciation of literature. It also promotes Canada's bilingual literary heritage by bringing together French and English authors from around the region, across the country and throughout the world.

The Frye Festival began in April 2000. Since then, forty poets, dramatists and fiction and non-fiction writers from the Atlantic region, across Canada and around the world have gathered each year in Moncton, New Brunswick, where Frye grew up. For four days, they participate in bilingual events, reading their works in schools, cafés and restaurants in the language in which they write.

The Antonine Maillet – Northrop Frye Lecture began in 2006. A close collaboration between the Northrop Frye International Literary Festival and the Université de Moncton, this series exemplifies two great traditions: the literary heritage of Antonine Maillet and the critical heritage of Northrop Frye. It will eventually develop into the bilingual Antonine Maillet – Northrop Frye Research Chair in Imagination and Criticism, hosted by the Faculté des arts et des sciences sociales at the Université de Moncton.

DAVID ADAMS RICHARDS

Playing the Inside Out

The Antonine Maillet – Northrop Frye Lecture

GOOSE LANE EDITIONS
UNIVERSITÉ DE MONCTON

Cover and interior page design by Julie Scriver.
Author photo by Jerry Bauer.
Translation by Claudine Hubert.
Printed in Canada on 100% PCW paper.
10 9 8 7 6 5 4 3 2 1

Library and Archives Canada Cataloguing in Publication

Richards, David Adams, 1950-
Playing the inside out / David Adams Richards.

(The Antonine Maillet–Northrop Frye lecture)
Text in English and French, on inverted pages.
Co-published by: Université de Moncton.
ISBN 978-0-86492-503-9

1. Sincerity and literature. 2. Truth in literature.
3. Authorship. 4. Literature — History and criticism.
I. Université de Moncton II. Title. III. Title: Le jeu des apparences.
IV. Series: Antonine Maillet–Northrop Frye lecture

PN56.S57R52 2008   809'.93353   C2008-900357-8E

Goose Lane Editions acknowledges the financial support of the Canada Council
for the Arts, the Government of Canada through the Book Publishing Industry
Development Program (BPIDP) and the New Brunswick Department
of Wellness, Culture and Sport for its publishing activities.
The Northrop Frye International Literary Festival also acknowledges the
contribution of Scotiabank towards the Antonine Maillet–Northrop Frye Lecture.

Goose Lane Editions
Suite 330, 500 Beaverbrook Court
Fredericton, New Brunswick
CANADA E3B 5X4
www.gooselane.com

Contents

Preface

Those gathered on April 28, 2007, to hear David Adams Richards deliver the second annual Antonine Maillet – Northrop Frye Lecture had the unusual privilege of hearing a writer speak his mind about his writing career and about the career of writing in the Maritimes. The lecture was an honest and compelling reflection on an exemplary career. Richards alludes to the difficulties he faced as a young writer attempting to situate himself vis-à-vis the literary establishment and subsequently to the hostile reception given his early books. The message of his anecdotes is not one of resentment over past treatment, however. His message is that instead of bending to the pressures of taste or popularity, he remained an outsider, thereby remaining true to his artistic inspiration, his material and his treatment of them. By not playing the careerist game of compromise, by not "playing the inside out," he gained access to the full force of his artistic integrity. Without this integrity of purpose, Richards reminds us, the artist is lost.

As readers of Richards' novels, we understand that the struggle for integrity is perhaps his primary theme. Although these stories are often described as grim, harsh or sad — and they are — the struggle for integrity occurs everywhere and, by contrast, illuminates the whole. Joe Walsh struggles to be himself rather than the person he is assumed or perceived to be by others. Joe must be doubly perspicacious, therefore; he must interpret accurately how others *mis*perceive him. Jerry Bines is another outsider (menacing to many); but Richards is careful to align Jerry with Joe Walsh in several powerful and positive ways. Joe and Rita take Jerry in to live with their family when he is a boy; Joe comes to the prison to help Jerry and others through the AA meetings; Jerry, like Joe, is associated with old Dr. Hennessey, the irascible doctor who is both *the sign of* and a *means to* the community's health. Meager Fortune, suffering in silence over the loss of his young family (and whose name belies the richness of his character), struggles valiantly to defend Stretch Tomkins, the character who least deserves our sympathy, and who, the narrator points out ironically, is most like us.

As an open letter, Richards aims at an ideal of the genuine in literature, and he has the good sense to know that literary marksmen do not always hit the bull's eye. Writers, however, ought not short-change intention in favour of resolution. He urges the young writers of New Brunswick and the Maritime region to be true to the individual and specific demands of their art, to their own "creative conscience." This uncompromising fidelity, as Richards says, "is in many ways the hardest and most necessary thing an artist, man or woman can ever do." But it is the most necessary, since "the truth, not as others see it, but as you do, can only be told by you." He remarks that it is a "double disadvantage" to be a writer in the Maritimes because the region is regarded as conventional and therefore less worthy of notice or less capable of being wondrous. The genuine or true rejects such notions, of course. It discovers the wondrous everywhere and in everyone. Striving to tell one's own truth is the writer's challenge.

This essay is compelling, honest, direct. Words and phrases such as "convention," "like-minded people" and "literary circles" come under sharp scrutiny as, by implication, do the people who rely upon their currency. Read this essay once, profit from it and then read it again.

PAUL M. CURTIS
Professeur titulaire / Professor
Département d'anglais
Faculté des arts et des sciences sociales
Université de Moncton

Depuis plus de trente ans, l'écrivain David Adams Richards puise dans l'expérience de la marginalité de la Miramichi pour approfondir l'intérieur de l'être humain, là où se loge le vrai. Richards utilise l'écriture comme stratégie de présence pour sortir de l'aliénation l'être qui peut sembler dépourvu. Tous les romans de Richards racontent l'histoire d'une épreuve que des protagonistes doivent affronter à un moment de leur vie ; ils ressentent alors une lutte intérieure qui les force à faire un choix comme l'explique l'auteur : « It is a war however about personal integrity, and decisions about the importance of this integrity that my characters face[1]. » Le romancier privilégie la voix de l'authenticité pour dépeindre cette confrontation inévitable avec soi-même dans le contexte de marginalité qu'est celui de ses protagonistes et dont le parcours vacille entre le vrai et les apparences.

Dans sa conférence donnée à Moncton le 28 avril 2007 dans le cadre de la deuxième conférence Antonine Maillet – Northrop Frye, Richards dépeint le rapport de résistance créative qu'il entretient avec l'altérité stigmatisante qui menace l'authenticité et exprime son appétence d'aller au-delà des apparences. L'approche sociale et existentielle qu'il adopte dans son parcours littéraire et personnel privilégie la révélation d'un vrai possible, qu'il incarne assurément lui-même en tant qu'écrivain. Emile Dexter, alter ego de Richards, personnifie cet écrivain aspirant au vrai dans *Hope in the Desperate Hour*, comme l'explique le critique littéraire Tony Tremblay : « Peter's truth (and our own) is in Dexter's hands (and Richards')[2] ». La littérature devient le mode d'existence pour pallier la perte d'authenticité que Dexter et Richards expriment en termes psychologiques et existentiels. Mais ce geste d'écriture tant par l'écrivain fictif que l'écrivain réel est avant tout une affirmation de la primordialité de l'authenticité, au-delà de la violence vécue dans une socialité exiguë. La critique littéraire du centre du pays, bien qu'elle s'intéressait aux écrits de Richards, a privilégié pendant près de vingt ans les clichés « régionalistes ». Depuis son premier roman, *The Coming of Winter* publié en 1974, Richards consacre son écriture aux moins nantis de la Miramichi. La critique nationale reconnaît maintenant la place singulière qu'il occupe au sein de l'institution littéraire : « Richards is a national treasure, giving voice to a place and a class that Literature usually ignores[3]. » Dans *A Literary and Linguistic History of New Brunswick*, Fred Cogswell contextualise l'œuvre de Richards dix ans après la publication de son premier roman : « Through Richards' skill and imagination, a whole mute section of New Brunswick life has been given the kind of voice that proves it deserves membership in any genuine peerage of the human race[4]. » Le parcours de l'auteur néo-brunswickois en est un empreint de marginalité, une marginalité consentante pour préserver le vrai.

Tel qu'il le fait dans sa conférence et à l'instar de ses romans, David Adams Richards contredit, déplace et transforme le discours hégémonique pour privilégier le vrai. L'écrivain-conférencier nous raconte des histoires qui se déroulent dans un endroit qui devient seul lieu et tout lieu. L'esthétique du récit assume l'authenticité qui possède une valeur d'expansion permettant d'accéder à des lois plus puissantes. La démarche de Richards s'inscrit humblement dans une tentative de sonder une réalité plus proche de l'être fondamental, voire universelle, au-delà des apparences.

MARIE-LINDA LORD
Professeure titulaire / Professor
Chaire de recherche en études acadiennes
Faculté des arts et des sciences sociales
Université de Moncton

NOTES

1   David Adams Richards, «My Miramichi Trilogy: A Practising Novelist's View of the Novel in New Brunswick», dans W. F. Bogaards, *Literature of Region and Nation: Proceedings of the 6th International Conference of Region and Nation. University of New Brunswick in Saint John, Saint John, New Brunswick, Canada, 2-7 August 1996,* SSHRC/UNBSJ, vol. II, 1998, 73-84, 84.

2   Tony Tremblay, «David Adams Richards: An unblinking eye on passion and triumph», *The New Brunswick Reader Magazine,* April 27 1996, 20-21, 21.

3   «Readings», *Giest 12,* November-December 1993, 36.

4   Fred Cogswell, «English Prose Writing in New Brunswick: World War I to the Present», *A Literary and Linguistic History of New Brunswick,* Reavley Gair, dir., Fredericton, Goose Lane, 1985, 229-244, 243.

Playing the inside out

I will speak a bit today of the inner circles in which literary matters are discussed, and literary reputations made or broken. I will also speak of an idea that was prevalent when I was young and, in some ways, still is: that to be a writer, one must take on the conventional and, in doing so, be a renegade.

From the first moment I became aware of this ideal, I was also aware of the pretence often involved in assuming this, or assuming what the conventional was or wasn't, or should or shouldn't be. And that, in most ways, the real writers among us, or at least the writers I most admired, were outsiders, because they were not considered trendy or radical; that is, they had no talent to play the game of outsider and therefore most often were.

I am an old man, so I can say what I want.

Which addresses my opening point.

If people wait until they are old men or women to say what they want, then it is probably a good assumption that they have never said what they wanted to say before and, in the end, they will not. Those who cannot give their opinion as young men and women, in spite of the consequences, will never do so as old men and women, for fear of the consequences.

So many grab on to each new bit of knowledge as real knowledge and, like Anna Scherrer in *War and Peace*, are predictably in vogue at all times.

Predictable is the word.

This necessity to always be in fashion — to be *au courant* or *avant-garde* — is what dooms writers and their writing to the prevalent and the superficial. It is, to paraphrase Matthew Arnold, a truth for the moment, rather than a truth for all time. The truth for all time is different — much harder to arrive at because it almost always needs to be retold with each passing generation — and is almost never in fashion when it is. We must, as Robert Browning suggests, fight against the misapprehension of the age.

No age has had more misapprehension than this one. No age has been more certain of itself in ways that blind itself and its more susceptible writers to what is simply current or fashionable.

Some of the finest people I know, who think for themselves, have never once acted outrageous or rebellious or joined in the sometimes bogus urgency for empowerment. Unfortunately, many writers and academics I have known feel that this idea of a character's empowerment is the one prerequisite to showing independence against some despotic identity. This might be fine if they treated the idea of empowerment with the actual dignity it deserves.

An episode in the popular hospital television series *House* is specific on this. A young intern, certain that the eccentric Dr. House will accept him because he has long hair and a tattoo (so therefore must be an individual fighting against the system), is told by the Doctor, "If you want an example of people who really don't care what others think, look at the Asian student who studies at the library for fourteen hours a day — that is real rebellion." Although this is an easy truism and is arguable, it still has something relevant to say about the larger issue of people thinking inside the box while claiming to be outsiders and blaming all "convention" on others.

When I was a boy, it was embarrassing to listen to older people suddenly waxing enthused about the ideas and intentions of the young — fifty-five-year-old men suddenly growing their hair (the fashion of kids when I was eighteen), wearing love beads and talking in the language of youth to show how they were now independent of ideas that had once inhibited them. This is what Princess Hélène, the unfaithful, overindulged wife in *War and Peace*, has her husband Pierre do in 1812, convincing him to grow his sideburns, though the poor man looks ridiculous. This sounds trite. But being in vogue as a writer can be every bit as trite as Princess Hélène, and it took Pierre, a man with a great, great soul, half the novel to break free.

When I was a young man starting my career, the transparency and false courage of adopting a supposed radical ideology was often, but not always, lost on those succumbing to it. The poetry journals published in my youth are filled with this kind of painful self-indulgence that comes from a notional idea of the world, rather than life experience. What is most arresting is the fact that within these journals, the real poets stand out amidst all this angst-filled quasi-radicalism with true poetical perception and force.

Alden Nowlan once mentioned the poet Brian Bartlett, whose writing appeared in one of these journals long ago: "I knew how good he was," Nowlan told me, "because he was a kid of sixteen and was the only one perceptive enough to write about being one." That is, by being himself and knowing it, he didn't have to join. Or, more tragically, perhaps he couldn't.

The great thing about Bart Simpson is his ability to reveal to us the scandal of popular sycophancy, while using Homer as the unassuming foil for modern ambivalence.

"Dad," Bart says in the episode where, to fit in, he saws the head off the statue of Jeb Springfield, "what should we do to fit in and be liked by popular people?"

Homer reflects: "Son, we should do everything we can — for the most important thing, no matter what, is to be popular."

Then he adds suspiciously, "You haven't murdered anyone have you?"

"No."

"Good — anything else is fine."

Exaggeration makes the point. It is safer, of course, not to take a stand alone: to be perceived as different while the whole notion of our joining in promotes our inclusion. This is, of course, the one real slavery — the kind

C.S. Lewis warned about in his essay "The Inner Ring" — the kind of inner circle that Solzhenitsyn wrote about in his novel *The First Circle*. It was exposed by Tolstoy in *War and Peace*. The idea of the inner circle is with us always — men and women striving to belong to the most significant group and often, sometimes in very overt ways, giving up their own ideals and even humanity along the way, in order to make this happen. The group itself is irrelevant; we have all been tempted to give up at least a part of ourselves in order to belong. It doesn't matter whether we are a mechanic, a surgeon or an artist.

The significant commonality is the willingness to accommodate our values in order to belong to a group of others who might object to the values we hold, while hoping for a time in the future when we may say our piece without fear of retribution from those to whom we now belong. If writers do this — and in my generation many do — sooner or later it will damage their art (and it often does), even if it promotes their career. It will damage their art in ways so subtle it may not be known right away. But it will be seen over time.

Any false statement provoked not in error but by a willingness to forgo our own sense of truth in order to bond with a group truth that is socially prevalent or powerful will be known sooner or later. We witness it at dinner parties and ignore it, this conceit in spouting the current wisdom, whether we believe in it or not. To see it in a book is glaring.

What is more glaring, as the philosopher René Girard

writes, is who we manage to scapegoat in order to hold onto prevalent wisdom. And this, I suppose — the scapegoating of those who cannot for one reason or another join — is the graver and deeper sin. It is the only thing which I have ever tried to warn young people, who want to write, against. It is a very hard thing to warn against, for the idea that one should comply with strong and socially accepted views weighs heavily upon the young. Especially when such views come from the learned at university and are seen, by people one admires, as being necessarily far-reaching.

As Nietzsche says, "men believe in the truth of that which is plainly strongly believed." Many of the views strongly believed today have become a mantra for our literary society, because it is also assumed that a literary society is "proactive" in a way that is accepted within the parameters of a left-of-centre ideology. To some, it is absolutely absurd to refute this or to look at life as being positive by looking at it in any other way. Those who do are sooner or later cast out. When they are cast out, they are not called renegades. They are called "conventional," whereas those who hold onto the mantra are called "original."

This is particularly distressing when one comes from an area of the world which is looked upon as conventional anyway — the Maritimes. It sometimes puts us at a double disadvantage. If we try to write truthfully about our own experience to say it is as wondrous and as human as anyone else's, we come into the centre of the ring already one eight-count down. Or at least we did when I was a youngster.

At first glance, it seems not too much of a problem to join with other professionals, who seem more worldly than we are. And perhaps it is so seamless that you feel you have always belonged. And if you agree with the opinions of the group, then you do. Yet many opinions are reshaped to fit the prevailing ones. And the opinions of groups are often notional rather than experience-based. And this is a dangerous problem: the problem of assumption rather than truth.

"Whatever else poetry is freedom. / Forget the rhetoric, the trick of lying / All poets pick up sooner or later," Irving Layton warns. He is right. But he is not only making a statement here. He is also revealing a condition. Poetry *is* freedom. It has to be, to be poetry. Therefore you must guard it as you would freedom. I will paraphrase what Alice Munro, speaking to my good friend Jack Hodgins, said one night: "They talk about the writing family — I have no idea what that means — a writer is on her own."

She is right. Margaret Laurence spoke of a writing "breed," which I believe cannot exist and remain true at the same time. It is an oxymoron, of course, but one to which we should pay close attention. Joining with a volley of strong, seemingly worldly opinion and becoming included with famous people is a vague and elusive kind of attraction to a young person.

Yet, as Munro and Layton suggest, joining in a group dynamic may be tantamount (and I said *may* be — I am not saying it always *is*) to giving up your ethical or literary values, for a powerful group value and is really self-imposed bondage. No real harm can come to your work if you refuse it, as writers and musicians and artists like Beethoven and Dostoyevsky and Keats and Hardy and Brontë and Picasso and Eudora Welty refused it. But it is not easy. For harm can come to your reputation and peace of mind. If you are not what is seen to be correct, you are seen to be in error. So it is, in many ways, the hardest and most necessary thing an artist, man or woman, can ever do. At some point, you must turn away. If and when you do, you are seen to being doing such; and that is never lost on those who have a whimsical idea of attachment as priority.

I am directing my talk to the young writer, of course. Only you can decide when you are true to yourself as an artist or have slid to those who want you to change yourself for what they think is acceptable. Or to find out what is acceptable, knowing that some day it will be of value. What we say that is acceptable to ourselves is the question — it is the voice of our own moral compass pointing true north. To change the compass bearing in ourselves to please the more popular conceit is to *know*, even if others do not detect it right away.

I suppose that when I was writing as a young kid from what was considered backwoods Maritimes, most of the really popular conceptions of literature, and more importantly the categories in which people were viewed, came to me from away. So from the very first, the popular conceptions of what literature and even freedom *was* tended to alienate me, as did many of the works called "brilliant" from central Canada or New York. Perhaps that is why I think this conversation important. Nor am I saying there is only one way to write, or that some of these works weren't brilliant. But I am suggesting to the young writer that there is one way to write for *you*, and no one can do this *but* you. So many times the real rural landscape of my youth was dismissed by writers who were considered important and dazzling.

It is the only advice I, as a middle-aged man, have to give. Most of those "brilliant" novels that came to me by way of urban life did not seem to understand what I knew about working-class men and women when I was fifteen. But many university profs later told me that these books *did* and not to think so was an error on my part.

So even before I ever finished writing a book, I was told I was in error. And if I had believed I was in error, not one of my books would have been written. This was a crisis faced when I was twenty and twenty-one, and though the world has changed and the Maritimes are no longer looked upon the way they once were, it is what I believe other young men and women, no matter where they are from, will sooner or later have to face.

It is much better to believe in leftist ideology, for instance, if those on a committee which might get you something believe this is what writing should promote. And if this is the test you come up against, it is more than a symbolic one if it changes an opinion about a character that might be in conflict. Even a modest realignment of a novel's intention for personal comfort can make a writer forgo true art. We are not all heroes, like Roark in Ayn Rand's *Fountainhead* — where Rand took on the problem of an artist refusing convention even if this convention made him famous. At times, this novel is achingly over-simplified so that Rand can make her point. But the point is made. And all in all, it is as true now as it was then. Or was when Alden Nowlan praised Brian Bartlett for not succumbing to the fashionable self-consciousness of his more hip and with-it friends.

Yet, standing up for one's art is a nebulous kind of engineering of one's own soul and is therefore difficult to write about now. Nor does everyone feel uncomfortable within groups that preach a common destiny for politics in literary culture. Yet, in some ways, I really believe the best writers do, and in many ways, have had to face it all of their lives. And the great painters and the great musicians, too. They have had to stand up against the odds in ways unimaginably painful and for so little gain it seems fruitless to continue on the line of their true compass.

But seems is the word.

When Beethoven was writing his greatest symphony, he was reviled, hated, called an abuser of women and children. His lawyer and his nephew thought he was mad — and wanted him imprisoned, as an embarrass-ment. Since he was going deaf and blind, all he could utter to them was "da da da da, da dada da dad, da dada

da da!" Which proved to them his encroaching imbecil-
ity, yet became, of course, the signature moment of the
9th Symphony's "Song of Joy." Can I say that if he was
not condemned, not reviled, not thought of as mad, he
might never have written the greatest piece of music ever
written? One does not necessarily include the other, and
to say so is false romanticism. But by the time he wrote
this symphony, he was jubilantly mocked as a failure by
musicians he had disagreed with most of his life. They
exulted in his failure, both personal and professional, and
had driven spikes into the heart of his reputation. How
many of us, in our comfortable perches preaching artistic greatness, would spend one night like him in order to
accomplish what he did? What I am saying, of course, is
that he did not want to be in this position either — he did
not wish to be reviled and mocked on the street, hated by
his own blood. But he would not and could not forgo the
demands of his own creative conscience to create in some
safer way. If that is a drastic example, it is not a qualitative
exception.

It is somewhat true that Beethoven himself becomes the
poster boy for what many well-thought-of Canadian and
American novels (and the mountains of theory about those
novels) have preached concerning the one-dimensional
violent male in our society from the 1970s on. In fact, in
many books, the male is viewed in no other way, especially
a working-class male. And Beethoven is the poster boy. He
is. Without question, he is.

Except for the "Song of Joy."

And there, for the entire field of today's sometimes precious literary semantics, lies the rub. I am simply suggesting that a character like a Beethoven must be written about like a Beethoven. But to say this, to certain professors and writers back when I began to write, was to be seen in error.

For some reason, back when I began to write, and for years and years, critics believed that violence was most often one-dimensional, and always male, and therefore easy to define and fight against. A certain kind of male was the "authority figure," whom we must be against and therefore write against. Therefore, for sophisticated people, the guilty were easy to define. What was worse is that far, far too many educated people were comfortable with this. In affluent, intellectual, urban Canada, it was a means of categorizing people, and this too was seen as correct. The only problem was that some of these texts knew nothing about violence: how it developed and worked not only overtly but coercively. And some of the violence people were against and aghast at was nothing more than actual physical labour. Physical labour was often misunderstood and despised, and so the characters that did it were as well.

Looking back, I realize that for a long time, my own work was not considered successful because I did not agree with those who had attached so much importance to what they thought my work should say. I seemed on the wrong side of the fence. My work was physical and seemed violent. My work seemed misogynistic, degrading to women. My work seemed, as a good friend once lamented, too working class. But worst of all, to him and to others, my work was outside the realm of the university and seemed anti-intellectual.

Of course, seems is the word.

Seems is an important word in the literature of all men and women from Shakespeare to Emily Dickinson. Shakespeare uses seem, as does Milton. Both use it to show a counterfeit in our midst. Seems is the word that plays like a water-strider across the consciousness of all good men and women, to change what seems like, to actually be. "Seems to be violent" may not be violent — and "seems to be concerned and considerate" may be, looking closer, trifling and sanctimonious.

In Milton's *Paradise Lost*, what seems to be, when Beelzebub and Satan meet in Hell, or when Eve is tempted, never really is. Seems is an approximation or a perversion of a great truth that becomes, over time, an outright lie that can be savage and deadening. Savage and deadening — a bit harsh perhaps? But if we change our landscape, or characters, or the intended meanings and humanity of those characters on small matters in order to belong, we will lack the necessary courage to deliberate on the important ones that take us outside these groups to true art.

I have discovered over the last number of years that if I am a writer, then I am supposed to be like-minded and in sync with other writers in Canada. Supposedly we all want the same things. I have letters from PEN, and from the Writers' Union and the Canada Council for the Arts that state this. And maybe this is even true. Who knows? Maybe we do want the same things. I would be the last to say we do not. But maybe we have to arrive at the things we all want differently, by our own road, so to speak. And I also suppose this is what everyone says they want.

Yet once I became well known, some then believed I would be like-minded. That I would look upon the world that treated my people so much differently than the more urban and sophisticated world others came from, and still I would be like-minded. That is, have the same ideas about my world that they who didn't know my world did. The idea that if you are well known, you should be like-minded is a rather powerful one in literary circles today. Why would you be well known, if you are not like-minded?

"Imagine what can be done when like-minded people get together," the husband of a very famous writer once wrote to me.

Well, yes, as I pointed out, I can imagine, and I have not thought it necessary to join. I tell you, if I was like-minded with any writer in this country or any other, I would never have written *Blood Ties*, or *For Those Who Hunt the Wounded Down*, *Lives of Short Duration* or *Mercy Among the Children* nor would I have been able to conceive of writing them. For parts of all of my novels, good or bad, come from a belief that if I were holding to any group's theories about these books or the characters in these books, my intentions would then have to be altered or dismissed.

But there is something else that bothered me. It is this: the idea that like-minded people are somehow good people who are forcing needed change in the world, and these needed changes must be explained within the context of a literary work — so much so, that these needed changes should be fostered upon my characters themselves. I have discovered that this is almost always a misshaping of the phrase "like-minded people" and a misrepresentation of art. There are needed changes, of course. I know that. Who am I to say there are not?

But I have learned that the needed changes some espouse tirelessly are the very ones which would categorically deny that the world I grew up in and write about has virtue. That the rural world I write about has value in the way I demand it in my books, regardless of the flaws and on occasion because of the flaws of that world. As I have mentioned, what was considered one of the biggest flaws of that world was physical labour, which many in the insulated urban world did not investigate or understand.

The idea was that if I was a trooper — a good fellow — I would essentially show in my work that I wanted these people to change — that I would want Cecil in *Blood Ties* to change and Leah to transform in a way which would make them, well, responsible, in a middle-class way. And by being middle class, they would then know how to be more acceptable and have a more progressive value system. I am speaking here of my own experience because it is what I know.

Yet, I have come to the realization that many Maritime writers have dealt with the same thing and have been dealt the same blows, for we still — or at least in my generation — lived in a world where we wrote about our traditions as being at least not more negative than other so-called systems.

I believe this is the truth about the best work of Nowlan, MacLeod, Buckler, Trethewey and others. I do not think this is comparable in any other part of the country. I believe there are many reasons for this, the very least of which is backwardness. But it is in some circles (or, at least, was back when I was younger) — and in some powerful literary circles of critics and publishers — looked upon as backwardness and sometimes as ignorance and prejudice.

Of course, Nowlan and Macleod, Buckler and Trethewey, and younger writers like Ken Harvey and Joel Hines, are really just the opposite of backwardness, or prejudice, or ignorance. Their worlds reflect a healthy skepticism of power (both chauvinist and feminist), an unusual kindness for the underdog, a real pursuit of equality among men and women and a dislike of notional knowledge rather than knowledge gained from hard-earned experience. Much of today's writing says, in fact, that this is what it is after, and yet so little of it has the power of earned experience found in the books of Trethewey, Nowlan, Harvey, Hines, MacLeod or Buckler. Many of these writers have in their own lifetimes been derisively dismissed and, at times, scapegoated. Yet, few writers who have dismissed them can equal their power and their, as Oscar Wilde calls it, "instinct about life."

We might realize that the two funniest writers in English Canada, both Atlantic writers, Herb Curtis and Wayne Johnston, have never won the Leacock Award for Humour. Why? It is probably because their work is considered vulgar, because it is utterly human. Besides this, both writers have an unseen quality. Just as Nowlan most often knew in his poems what was true, both Curtis and Johnston know what is actually funny. You have to actually know what is funny to be funny — or to judge what is funny.

Those who cannot judge what is funny will have no more success in judging what is truly tragic. Much of what is considered tragic in Canadian letters is simply the reinforcement of what is considered politically incorrect by today's comfortable and intellectualized middle class.

The essays of Wayne Curtis (who is the brother of Herb Curtis) are some of the finest written in English Canada, and they are often dismissed because they seem so ordinary. Yet their instinct for life at times far surpasses those that have won awards.

There is another problem I wish to briefly address. It is the more terrible problem, if you will. A scapegoat is almost always needed to ensure collaboration within a group. If the group is one which believes inherently that literature must be part of urban social activism and that good literature is politically correct literature (still, in some way, a prevalent ideology in central Canada and the United States, certainly throughout the seventies and eighties), then those who don't seem to be writing in the vein of urban social activism will be scapegoated. Especially if their refusal of social activism initially seems, as Nowlan's and MacLeod's did, to be in direct conflict with the prevailing status quo.

You see, this is the secret: no matter what group, body or institution, there are always exclusions. That is fine, of course, until we use the fact that they don't belong in order to dishonestly or boorishly keep from them that which they might very well deserve.

There was no Governor General's Award for *A Lost Salt Gift of Blood.*

Well, there was no Nobel Prize for Mr. Leo Tolstoy.

Like children in a tree house, we decide who is a member of our club and who is not. At first it is wonderful to be in the tree house — for we are the only four or five allowed. But sooner or later we see that the dimensions have enclosed us and the only way out is down. The real problem with this group is that some only have the talent to stay where they are.

But the powerful allure of the tree house cannot be underestimated. For it is here that any member can wield real power over better men and women, who are refused entrance in one way or another. And critics and literary committee members, who judge awards and give grants, have often and will always exercise blind power over the writer and the artist, who in the end will be seen to have been wiser and better.

That is the secret Boris discovers in *War and Peace*, where, because of connections, he is invited to a meeting with Prince Andrei while a decorated general is forced to wait outside. He plays it much to his own benefit: realizing that to be inside gives you power over others no matter your own worth or talent. Yet, what hundreds of men in the Politburo, who later died, discovered with Comrade Stalin was that the more of your soul you give up to get into the circle of power, the less there is of you once you gain entrance.

To be like-minded to the point where the ideas you wanted to express about your characters in your great novel or great symphony cannot now be expressed, for fear of harming your relationship with those you rely upon for security, is to carve away part of your being. I am only saying: be aware that if you rely upon others and comply with their determination or doctrine of truth, you will someday no longer have the qualities that protect you from mistaking what others demand from your art as artistic virtue. And slowly it will hamper you in deciding the artistic virtue of others.

The truth of so-called like-minded people and artistic virtue, whether in 1974 when I was a boy or in 2007, becomes interchangeable. It is one and the same, and you will end up seeking what others do in order to belong, in order not to be singled out and scapegoated . . . so your work will not be bloodied and dismissed. Am I foolish enough to say this happens to everyone who joins in common theory? No, but this is the tendency.

There are two characters in Solzhenitsyn's *The First Circle* that epitomize this tendency. One is a writer, much applauded at the time by Stalin. In the Soviet Union, his novels are considered masterpieces. He has a large apartment and a good life for his wife and child. Only he knows he is not saying what is in his heart. Yet, each time he starts to write the "real novel," the one he believes he is destined to write, he feels as if Stalin is standing behind him watching. So he begins to change his novel slightly each and every time. And each and every time he says, "My next novel will be the book where I tell the truth."

The second is a character in the Lubyanka prison. He, along with other intellectuals, is asked to make a voice-deciphering machine in order to facilitate the arrest of a man the NKVD knows has made a phone call in an attempt to warn an enemy of the state. The prisoner is a brilliant scientist and is able to make this machine to catch this man for Stalin, but there is one problem. He is free. How is this prisoner free? Because Stalin's henchmen made a mistake — they took from him everything in his life he counted on and hoped for. Gone were his wife, children, house and job. Gone was his name and reputation. Now, standing before the warden in this prison who needs a favour from him, it is he, not the warden, not the writer of the so-called masterpieces, not Stalin himself, who is free. This is a strange way to gain this kind of freedom. But it is the kind of freedom a writer should try to aspire to. It is every bit as hard as a drinker giving up his bottle in order to become free. There might be unimaginable dark nights of the soul.

You see it is not who the groups include as kindred spirits, but who they have excluded. Rarely have we failed to exclude someone who, as an artist, does not deserve to be excluded and, in fact, deserves more applause than most. To say this is not an unspoken tenet in popular culture is not to see how popular culture censors itself to the point where real truth is suspect, just as the truth Alden Nowlan gave us was largely suspect, while he was living, by many who now call him their favourite poet.

What many in the realm of our prominent literary social milieu sometimes fail to realize is that all great books are political and almost all political books fail to be great.

When I was a young man, I wore a name tag, and went to conferences, and became aware of this hidden exclusionary clause in some of the more notable literary figures present. And unfortunately, as I have briefly mentioned, the people they were excluding were also being blamed, in one way or another, for many of the modern social ills that they themselves wished to write about and unravel. The people who were held responsible, I could call rednecks. I could call them white trash. I could call them (as one of my characters was called by one person on the CBC) illiterate brawlers. And I might, in a way, blame him and others. However, having grown up with people like this character, the one thing I did not have was a policy of singling them out for blame in order to exonerate myself or my intellectual class or ever to dismiss their humanity to do such.

Write what you must, but don't try to reach the safe shore by jumping into waters you are unlikely to navigate. Don't write about the rural world to please an urban sensibility if you come from rural Canada. Don't ever tell people that what they want to hear is what they should hear — for the good of literature. To the extent that this has ever been done in Canadian literature, it is a tragedy.

"Whatever else, poetry is freedom," Layton says, and we must hold to that come Hell or high water.

What I am saying to the young writer is never fear that you, too, will be evaluated most harshly in your life for telling the truth. Know that the truth, not as others see it, but as you do, can only be told by you. And if you do it well enough, it not only sets you free, but your characters as well. It brings to the world myth and grace. The most important gift you can give the world is your right to write how you feel, not how others who seem to be more important tell you how you should feel. There are no guarantees if you do this, but there is no hope if you do not.

One thing: like Nowlan, Trethewey, Buckler and MacLeod, you will never have to play the inside out. If you attempt to tell the truth about your world — as only you see it, the compassionate truth that the world of the artist needs — you will almost certainly be an outsider sooner or later, and at times it will be much, much lonelier than the part of the outsider that is often glibly played within those special centres without either sacrifice or meaning.

David Adams Richards

Born in 1950 in Newcastle, New Brunswick, David Adams Richards found his calling at the age of fourteen, after reading *Oliver Twist*, and embarked on a life of extraordinary purpose. His first publications were collections of poems — a chapbook entitled *Small Heroics* and the privately printed *One Step Inside*.

While attending St. Thomas University in Fredericton, he joined a group of writers who met at McCord Hall — the former ice house on the campus of the University of New Brunswick. There, he received encouragement from established writers, including the late Alden Nowlan, whom he names as an important influence along with Faulkner, Pushkin, Dostoyevsky, Tolstoy and Emily Brontë. It was during his time that Richards wrote two-thirds of his novel, *The Coming of Winter*, which was published by Oberon Press in 1974. *Blood Ties* followed in 1976, a collection of stories entitled *Dancers at Night* in 1978 and *Lives of Short Duration* in 1981.

Since the early 1980s, he has continued to write full time, living abroad at times. It was on these long sojourns away from the Miramichi that Richards found he could write about the home he loved, regardless of where he lived. He was appointed writer-in-residence at universities in New Brunswick, Ontario, Alberta and the southern United States throughout the 1980s and 1990s, and in 1997 he moved to Toronto, where he now lives with his wife Peggy and their sons John Thomas and Anton.

Richards has been prolific. He has published thirteen novels, a collection of stories and three books of non-fiction to increasing critical and commercial success. *Road to the Stilt House*, published in 1985, was nominated for the Governor General's Award for fiction. The first novel in his Miramichi trilogy, *Nights Below Station Street*, received the Governor General's Award for fiction in 1988. *Evening Snow Will Bring Such Peace* won the Canadian Authors Association Award in 1991 and *For Those Who Hunt the Wounded Down* won the Thomas Head Raddall Atlantic Fiction Prize in 1994. In 2005, David Adams Richards was awarded the Order of New Brunswick. He has Honorary Doctorates from Saint Thomas University and the University of New Brunswick, Saint John.

The Miramichi region has been at the heart of Richards' fiction throughout his career. As he explained in an interview with *January Magazine*, his connection to the area and to the rural lives of its inhabitants is central to his fiction, yet does not reflect a limited scope: "It's very important, because the characters come from the soil. They're like the trees, in a certain respect. They cling to that river and that soil, but as Jack Hodgins once said about my writing — which was one of the kindest things any writer has said about my writing — he said: 'David, you aren't writing about the Miramichi Valley, you're writing about Campbell River where I come from. Because every character you talk about is a character I've met here in Campbell River.' And that's basically what I'm doing. Of course my people are Miramichi. Of course they come from the fabric and the soil of the Miramichi, but if that was the only thing that was interesting about them, I wouldn't bother writing about them."

~:~

Richards' later works have continued to receive strong acclaim. *Lines on the Water,* about fishing on the Miramichi, won the Governor General's Award for non-fiction in 1998, making Richards one of a very select group; he is only the third person to win Governor General literary awards in two different categories. *Mercy Among the Children* was co-winner of the Giller Prize in 2000. It also won the Canadian Booksellers Association's Libris Award for both novel of the year and author of the year in 2001. His recent novels include *River of the Brokenhearted* (2003), a depiction of a family whose fortunes rise and fall with the success of its movie theatres, *The Friends of Meager Fortune* (2006), an exploration of the dying days of the lumber industry, which won the Commonwealth Prize (Canada and the Carribbean), and *The Lost Highway* (2007), a suspenseful story of greed, betrayal, and murder.

Also a screenwriter, Richards has adapted a number of his novels for the small screen. In 1990, he adapted his novel *Nights Below Station Street,* and in 1994 he penned the teleplay "Small Gifts," for which he won his first Gemini Award. He won a second Gemini for his screen adaptation of *For Those Who Hunt the Wounded Down*, and later co-wrote the screenplay for *The Bay of Love and Sorrows*, released as a feature film in 2002.

Antonine Maillet

Born on May 10, 1929, Antonine Maillet grew up in Bouctouche, New Brunswick, and was educated in Bouctouche, Memramcook and Moncton, New Brunswick, and in Montreal and Quebec City. The first modern Acadian writer to gain a national and international reputation, she is the author of wry and wildly inventive adult fiction, children's books, radio and television scripts and more than a dozen plays.

Antonine Maillet has given voice to Acadian culture by writing in the region's richly expressive oral language: a mixture of modern and seventeenth- and eighteenth-century French, adopted English words and French words and expressions used nowhere else. For *Pélagie-la-Charette*, her Homeric novel about a widow who leads her dispossessed family and friends home after the Deportation, she received France's Prix Goncourt. The first non-French citizen ever to gain this honour, she commented, "I have avenged my ancestors."

La Sagouine, the monologue of a charwoman who defies the wealthy and powerful, is probably Antonine Maillet's most important creation. Conceived as a radio series, it won the Chalmers Canadian Play Award as a stage presentation, and the novel adaptation remains popular in both French and English. La Sagouine's fearless caricatures, complaints to man and God, and tender descriptions of her home and loved ones have made her an icon of Acadian culture.

Antonine Maillet's honours include the Prix Montfort, the Pascal Poirier Excellence Award, the Prix Champlain, the Grand Prix de la Ville de Montréal, the Order of Canada and more than twenty-five honorary degrees from universities in Canada and abroad. A writer of sparkling imagination and versatility, Antonine Maillet is at the heart of contemporary Acadian literature.

Northrop Frye

Northrop Frye was born on July 14, 1912, in Sherbrooke, Quebec, and moved with his family to Moncton, New Brunswick, when he was seven years old. He attended Victoria School and Aberdeen High School, graduating near the top of his class before his sixteenth birthday in 1928. A number of teachers and librarians encouraged him in his studies. His pursuits included music (he studied with George Ross), Scouts and bicycling.

In 1929, Frye left Moncton to study at the University of Toronto, where he remained as a student and teacher for most of the rest of his life. His book *Fearful Symmetry: A Study of William Blake* appeared in 1947 to great acclaim, and many powerful and influential books appeared over the next four and a half decades. They include *Anatomy of Criticism* (1957), *The Educated Imagination* (1963), *The Bush Garden* (1971), *The Great Code* (1982) and *Words with Power* (1990). He won the Governor General's Literary Award for non-fiction for *Northrop Frye on Shakespeare* (1986).

As a teacher and educator, Frye's impact was profound and far-reaching, both in Canada and abroad, and his impact continues to be felt today. In Frye's own words, teaching is the "social crusade of delivering the student from the blinkers of social prejudice." Frye helped shape the way a whole generation imagined and thought about Canada. He lectured at more than a hundred universities around the world, while always maintaining his allegiance to the University of Toronto and to Canada. He received many awards and honours, including more than thirty honorary degrees.

In the fall of 1990, Northrop Frye made a last, memorable visit to Moncton, giving talks at Moncton High School and Université de Moncton to overflow audiences. He died in Toronto in January 1991.

Le Festival littéraire international Northrop Frye a lieu annuellement en l'honneur de Northrop Frye, critique littéraire et éducateur, et l'un des grands intellectuels du 20e siècle. Célébration de l'apport de Frye à la culture et à la civilisation, le Festival est dédié à l'avancement de la littéracie et à l'appréciation de la littérature. Il fait aussi la promotion de l'héritage littéraire bilingue du Canada en réunissant des auteurs francophones et anglophones de la région, du pays et d'un peu partout dans le monde.

Le Festival littéraire international Northrop Frye a débuté en avril 2000. Depuis, quarante poètes, dramaturges, romanciers et autres auteurs en provenance de l'Atlantique, du Canada et d'ailleurs convergent chaque année vers Moncton, au Nouveau-Brunswick, où Northrop Frye a grandi. Pendant quatre jours, ils participent à des événements bilingues, y lisant des extraits de leurs œuvres dans les écoles, les cafés, les restaurants, dans leur langue d'écriture.

La Conférence Antonine Maillet – Northrop Frye est une série de conférences qui a débuté en 2006. Issue d'une étroite collaboration entre le Festival littéraire international Northrop Frye et l'Université de Moncton, cette nouvelle initiative vient fusionner deux grandes traditions : l'héritage littéraire d'Antonine Maillet et l'héritage critique de Northrop Frye. Dans un avenir rapproché, elle donnera lieu à la création d'une chaire bilingue, la Chaire d'études Antonine Maillet – Northrop Frye en imaginaire et en critique, qui sera rattachée à la Faculté des arts et des sciences sociales de l'Université de Moncton.

DAVID ADAMS RICHARDS

Le jeu des apparences

La Conférence Antonine Maillet – Northrop Frye

GOOSE LANE EDITIONS
UNIVERSITÉ DE MONCTON

Maquette de la couverture et des pages intérieures : Julie Scriver
Photo de l'auteur : Jerry Bauer
Traduction : Claudine Hubert
Imprimé au Canada sur du papier recyclé.
10 9 8 7 6 5 4 3 2 1

·Catalogage avant publication de Bibliothèque et Archives Canada

Richards, David Adams, 1950-
Le jeu des apparences / David Adams Richards ; traduction,
Claudine Hubert.
(La conférence Antonine Maillet-Northrop Frye)
Texte en français et en anglais, tête-bêche.
Publ. en collab. avec : Université de Moncton.
ISBN 978-0-86492-503-9

1. Sincérité et littérature. 2. Vérité dans la littérature.
3. Art d'écrire. 4. Littérature — Histoire et critique.
I. Université de Moncton II. Titre. III. Titre: Playing the inside out.·
IV. Collection: Conférence Antonine Maillet-Northrop Frye

PN56.S57R52 2008   809'.93353   C2008-900357-8F

Goose Lane Editions bénéfice de l'aide financière du Conseil des Arts du Canada,
du gouvernement du Canada par l'entremise du Programme d'aide au
développement de l'industrie de l'édition (PADIÉ), et du ministère du
Mieux-être, de la Culture et du Sport du Nouveau-Brunswick.
Le Festival littéraire international Northrop Frye tient à souligner la contribution
de la Banque Scotia à la Conférence Antonine Maillet – Northrop Frye.

Goose Lane Editions
500, cour Beaverbrook, suite 330
Fredericton (Nouveau-Brunswick)
CANADA   E3B 5X4
www.gooselane.com

Sommaire

Préface

Depuis plus de trente ans, l'écrivain David Adams Richards puise dans l'expérience de la marginalité de la Miramichi pour approfondir l'intérieur de l'être humain, là où se loge le vrai. Richards utilise l'écriture comme stratégie de présence pour sortir de l'aliénation l'être qui peut sembler dépourvu. Tous les romans de Richards racontent l'histoire d'une épreuve que des protagonistes doivent affronter à un moment de leur vie ; ils ressentent alors une lutte intérieure qui les force à faire un choix, comme l'explique l'auteur : « It is a war however about personal integrity, and decisions about the importance of this integrity that my characters face[1]. » Le romancier privilégie la voix de l'authenticité pour dépeindre cette confrontation inévitable avec soi-même dans le contexte de marginalité qu'est celui de ses protagonistes et dont le parcours vacille entre le vrai et les apparences.

Dans sa conférence donnée à Moncton le 28 avril 2007 dans le cadre de la deuxième conférence Antonine Maillet – Northrop Frye, Richards dépeint le rapport de résistance créative qu'il entretient avec l'altérité stigmatisante qui menace l'authenticité et exprime son appétence d'aller au-delà des apparences. L'approche sociale et existentielle qu'il

adopte dans son parcours littéraire et personnel privilégie la révélation d'un vrai possible, qu'il incarne assurément lui-même en tant qu'écrivain. Emile Dexter, alter ego de Richards, personnifie cet écrivain aspirant au vrai dans *Hope in the Desperate Hour*, comme l'explique le critique littéraire Tony Tremblay: «Peter's truth (and our own) is in Dexter's hands (and Richards')[2]». La littérature devient le mode d'existence pour pallier la perte d'authenticité que Dexter et Richards expriment en termes psychologiques et existentiels. Mais ce geste d'écriture tant par l'écrivain fictif que l'écrivain réel est avant tout une affirmation de la primordialité de l'authenticité, au-delà de la violence vécue dans une socialité exiguë. La critique littéraire du centre du pays, bien qu'elle s'intéressait aux écrits de Richards, a privilégié pendant près de vingt ans les clichés «régionalistes». Depuis son premier roman, *The Coming of Winter* publié en 1974, Richards consacre son écriture aux moins nantis de la Miramichi. La critique nationale reconnaît maintenant la place singulière qu'il occupe au sein de l'institution littéraire: «Richards is a national treasure, giving voice to a place and a class that Literature usually ignores[3].» Dans *A Literary and Linguistic History of New Brunswick*, Fred Cogswell contextualise l'œuvre de Richards dix ans après la publication de son premier roman: «Through Richards' skill and imagination, a whole mute section of New Brunswick life has been given the kind of voice that proves it deserves membership in any genuine peerage of the human race[4].» Le parcours de l'auteur néo-brunswic-

kois en est un empreint de marginalité, une marginalité consentante pour préserver le vrai.

Tel qu'il le fait dans sa conférence et à l'instar de ses romans, David Adams Richards contredit, déplace et transforme le discours hégémonique pour privilégier le vrai. L'écrivain-conférencier nous raconte des histoires qui se déroulent dans un endroit qui devient seul lieu et tout lieu. L'esthétique du récit assume l'authenticité qui possède une valeur d'expansion permettant d'accéder à des lois plus puissantes. La démarche de Richards s'inscrit humblement dans une tentative de sonder une réalité plus proche de l'être fondamental, voire universelle, au-delà des apparences.

MARIE-LINDA LORD
Professeure titulaire
Chaire de recherche en études acadiennes
Faculté des arts et des sciences sociales
Université de Moncton

NOTES

1   David Adams Richards, «My Miramichi Trilogy: A Practising Novelist's View of the Novel in New Brunswick», dans W. F. Bogaards, *Literature of Region and Nation: Proceedings of the 6th International Conference of Region and Nation. University of New Brunswick in Saint John, Saint John, New Brunswick, Canada, 2-7 August 1996,* SSHRC/UNBSJ, vol. II, 1998, 73-84, 84.

2   Tony Tremblay, «David Adams Richards: An unblinking eye on passion and triumph», *The New Brunswick Reader Magazine,* April 27 1996, 20-21, 21.

3   «Readings», *Giest 12,* November-December 1993, 36.

4   Fred Cogswell, «English Prose Writing in New Brunswick: World War I to the Present», *A Literary and Linguistic History of New Brunswick,* Reavley Gair, dir., Fredericton, Goose Lane, 1985, 229-244, 243.

The Northrop Frye International Literary Festival honours Northrop Frye, one of the twentieth century's leading intellectuals, literary critics, and educators. A celebration of Frye's contribution to culture and civilization, the festival is dedicated to the advancement of literacy and the appreciation of literature. It also promotes Canada's bilingual literary heritage by bringing together French and English authors from around the region, across the country, and throughout the world.

The Frye Festival began in April 2000. Since then, forty poets, dramatists, and fiction and non-fiction writers from the Atlantic region, across Canada, and around the world have gathered each year in Moncton, New Brunswick, where Frye grew up. For four days, they participate in bilingual events, reading their works in schools, cafés, and restaurants in the language in which they write.

The Antonine Maillet – Northrop Frye Lecture began in 2006. A close collaboration between the Northrop Frye International Literary Festival and the Université de Moncton, this series exemplifies two great traditions: the literary heritage of Antonine Maillet and the critical heritage of Northrop Frye. It will eventually develop into the bilingual Antonine Maillet–Northrop Frye Research Chair in Imagination and Criticism, hosted by the Faculté des arts et des sciences sociales at the Université de Moncton.

Those gathered on April 28, 2007 to hear David Adams Richards deliver the second annual Antonine Maillet-Northop Frye Lecture had the unusual privilege of hearing a writer speak his mind about his writing career and about the career of writing in the Maritimes. The lecture was an honest and compelling reflection on an exemplary career. Richards alludes to the difficulties he faced as a young writer attempting to situate himself vis-à-vis the literary establishment and subsequently to the hostile reception given his early books. The message of his anecdotes is not one of resentment over past treatment, however. His message is that instead of bending to the pressures of taste or popularity, he remained an outsider, thereby remaining true to his artistic inspiration, his material, and his treatment of them. By not playing the careerist game of compromise, by not "playing the inside out," he gained access to the full force of his artistic integrity. Without this integrity of purpose, Richards reminds us, the artist is lost.

As readers of Richards' novels, we understand that the struggle for integrity is perhaps his primary theme. Although these stories are often described as grim, harsh, or sad — and they are — the struggle for integrity occurs everywhere and, by contrast, illuminates the whole. Joe Walsh struggles to be himself rather than the person he is assumed or perceived to be by others. Joe must be doubly perspicacious, therefore; he must interpret accurately how others *mis*perceive him. Jerry Bines is another outsider (menacing to many); but Richards is careful to align Jerry with Joe Walsh in several powerful and positive ways.

Joe and Rita take Jerry in to live with their family when he is a boy; Joe comes to the prison to help Jerry and others through the AA meetings; Jerry, like Joe, is associated with old Dr. Hennessey, the irascible doctor who is both *the sign of* and a *means to* the community's health. Meager Fortune, suffering in silence over the loss of his young family (and whose name belies the richness of his character), struggles valiantly to defend Stretch Tomkins, the character who least deserves our sympathy, and who, the narrator points out ironically, is most like us.

As an open letter, Richards aims at an ideal of the genuine in literature, and he has the good sense to know that literary marksmen do not always hit the bulls-eye. Writers, however, ought not short-change intention in favour of resolution. He urges the young writers of New Brunswick and the Maritime region to be true to the individual and specific demands of their art, to their own "creative conscience." This uncompromising fidelity, as Richards says, ". . . is in many ways the hardest and most necessary thing an artist, man or woman can ever do." But it is the most necessary, since ". . . the truth, not as others see it, but as you do, can only be told by you." He remarks that it is a "double disadvantage" to be a writer in the Maritimes because the region is regarded as conventional and therefore less worthy of notice or less capable of being wondrous. The genuine or true rejects such notions, of course. It discovers the wondrous everywhere and in everyone. Striving to tell one's own truth is the writer's challenge.

This essay is compelling, honest, direct. Words and phrases such as "convention," "like-minded people," and "literary circles" come under sharp scrutiny as, by implication, do the people who rely upon their currency. Read this essay once, profit from it, and then read it again.

PAUL M. CURTIS
Professeur titulaire / Professor
Département d'anglais
Faculté des arts et des sciences sociales
Université de Moncton

Le jeu des apparences

Aujourd'hui, je vais parler des cercles fermés où l'on discute de littérature et où l'on construit et détruit les réputations littéraires. En outre, je vais aborder une réalité qui prévalait lorsque j'étais plus jeune, toujours prédominante, selon laquelle pour être écrivain, il faut s'attaquer aux conventions, et inévitablement devenir un renégat.

À partir du moment où j'ai pris conscience de cet idéal, j'ai également pris conscience du factice de l'exercice qui visait à circonscrire ce qui était conventionnel ou non, ce qui devrait l'être ou non. Les vrais écrivains parmi nous, du moins ceux que j'admirais le plus, étaient marginalisés, parce qu'ils n'étaient ni à la mode ni radicaux. Ils n'avaient pas le talent pour jouer le rôle du marginal et ils le devenaient par défaut.

Je suis vieux, alors je peux dire ce que je veux.

Ce qui me ramène à mon point de départ.

Si les gens attendent d'être vieux pour dire ce qu'ils veulent, on peut présumer qu'ils ne le feront probablement jamais. Ceux et celles qui n'arrivent pas à partager leur opinion sans se soucier des conséquences lorsqu'ils sont jeunes ne le feront pas plus lorsqu'ils seront âgés, parce qu'ils craindront encore les conséquences.

Beaucoup de gens s'accrochent à toute connaissance nouvelle comme s'il s'agissait du savoir absolu et à l'instar d'Anna Scherrer dans *Guerre et Paix*, se conforment à la mode du jour de façon très prévisible.

Je m'arrête un instant sur ce mot : prévisible.

Ce besoin d'être à la mode, d'être au courant et à l'avant-garde, confine l'écrivain et son écriture aux courants dominants, au superficiel. Il s'agit là d'une vérité momentanée plutôt que d'une vérité intemporelle, pour paraphraser Matthew Arnold. La vérité intemporelle est différente — elle est beaucoup plus difficile à atteindre et, à chaque génération, il faut la redire — et elle n'est presque jamais à la mode. Il nous faut, comme le disait Browning, « se battre contre les faux entendements de notre époque ».

Aucune époque n'a été témoin d'autant de faux entendements autant que celle-ci. Aucune époque n'a été aussi confiante au point de s'aveugler elle-même ainsi que ses écrivains susceptibles de succomber aux tendances du jour.

Plusieurs des personnes les plus intelligentes que je connaisse et qui possèdent une pensée indépendante n'ont jamais eu de comportement rebelle ou choquant et n'ont jamais grossi les rangs de ce mouvement d'urgence (souvent factice) vers l'autonomisation. Malheureusement, de nombreux écrivains et universitaires que je connais croient fermement que l'autonomisation d'un personnage est un préalable nécessaire à l'indépendance contre quelque despotisme identitaire. Cette assertion serait adéquate s'ils

donnaient à l'idée d'autonomisation la dignité qui lui revient.

Pour illustrer ce concept, j'évoquerai un des épisodes de la populaire télésérie *House.* Un jeune interne est convaincu que l'excentrique docteur House acceptera sa candidature parce qu'il a les cheveux longs et un tatouage (donc, il doit naturellement être un de ces individus qui se battent contre le système). Pourtant, le docteur lui répond: «Si vous voulez un bon exemple de quelqu'un qui se fout vraiment de ce que pensent les autres, regardez l'étudiant asiatique qui passe quatorze heures par jour à la bibliothèque. La vraie rébellion, c'est ça.» Bien qu'il s'agisse d'un truisme facile et discutable, il révèle une vérité plus grande sur ceux qui se réclament de l'anticonformisme alors qu'en réalité, ils ne sont pas des marginaux et font porter aux autres le poids des «conventions».

Lorsque j'étais enfant, j'étais souvent mal à l'aise quand je voyais des adultes qui, du jour au lendemain, s'appropriaient les idées et les aspirations des plus jeunes. Du jour au lendemain, des hommes de cinquante-cinq ans se faisaient allonger les cheveux (la mode des jeunes lorsque j'avais dix-huit ans), portaient des colliers perlés et parlaient comme les jeunes dans le but de prouver leur libération de leurs inhibitions de jadis. C'est précisément ce que la princesse Hélène, l'infidèle et capricieuse épouse de Pierre dans *Guerre et Paix,* réclame à son mari en 1812 en le convainquant de se faire pousser des favoris, bien que le pauvre homme ait l'air ridicule. Cet exemple est dérisoire. Mais être en vogue pour un écrivain peut être tout autant

dérisoire que pour la princesse Hélène, et pourtant Pierre, un homme pourvu d'une grandeur d'âme, ne se libérera de son carcan qu'après le milieu du roman.

Lorsque j'étais un jeune homme, au tout début de ma carrière, la transparence et le faux courage d'adopter une idéologie dite radicale étaient souvent ingnorés, mais pas toujours, par ceux qui y succombaient. Les revues de poésie de ma jeunesse regorgent d'exemples de ce genre de nombrilisme douloureux issu d'une vision notionnelle du monde plutôt que d'un véritable vécu. Le plus saisissant dans ces revues est de constater à quel point l'acuité et la force poétiques des vrais poètes se démarquent de ces angoisses nourries au quasi-radicalisme.

Prenez Alden Nowlan qui, un jour, a évoqué le poète Brian Bartlett dont les textes avaient paru dans l'une de ces revues il y a longtemps. « J'ai su qu'il était très bon, m'a-t-il expliqué, parce qu'il n'avait que seize ans, et il était le seul à être assez perspicace pour écrire sur le fait d'avoir seize ans. » Ainsi donc, en étant lui-même, il n'avait pas besoin de se greffer à un groupe. Ou d'un point de vue plus tragique, cela lui était peut-être tout simplement impossible.

Dans le même ordre d'idées, Bart Simpson est très intéressant parce qu'il nous révèle le scandale de l'obséquiosité populaire tout en utilisant Homer comme modeste repoussoir de l'ambivalence moderne.

Dans un épisode où, pour mieux faire partie d'un groupe, Bart scie la tête de la statue de Jeb Springfield, il demande à son père : « Papa, qu'est-ce qu'il faut faire pour

faire partie d'un groupe et se faire aimer par les personnes les plus populaires ? »

Homer réfléchit, puis répond : « Mon fils, on doit faire tout ce qu'on peut, parce que le plus important, c'est d'être populaire. »

Puis, il ajoute, suspicieux : « As-tu tué quelqu'un ? »

« Non. »

« C'est bien. Tout le reste est correct. »

La morale de l'histoire est dans l'exagération : il est plus prudent, évidemment, de ne pas prendre position seul et d'être perçu comme différent alors que la notion de faire partie d'un groupe confirme notre inclusion. Bien entendu, c'est là le vrai assujettissement, celui contre lequel C.S. Lewis nous met en garde dans son essai « The Inner Ring », où il parle du même genre de cercle fermé que Soljenitsyne dans son roman *Le Premier cercle*. Tolstoï avait décrit cette forme d'asservissement dans *Guerre et Paix*. L'idée du cercle fermé nous habite tous : les hommes et les femmes cherchent à faire partie d'un groupe et, pour y arriver, abandonnent souvent leurs idéaux, voire leur humanité, parfois même de façon très publique. Le groupe lui-même n'a pas d'importance. Qu'on soit mécanicien, médecin ou artiste, nous avons tous été tentés d'abandonner ne serait-ce qu'une infime partie de nous-mêmes pour vivre ce sentiment d'appartenance.

Le dénominateur commun est cette volonté de modifier nos valeurs pour mieux nous intégrer à un groupe qui pourrait s'opposer à nos valeurs, tout en entretenant l'espoir

de pouvoir un jour exprimer le fond de nos pensées sans craindre les reproches de ceux à qui nous sommes dorénavant liés. Si les écrivains succombent à cette tentation — et dans ma génération, ils sont nombreux — tôt ou tard, ils verront leur art en souffrir (ce qui est souvent le cas), même si leur appartenance au groupe contribue à l'essor de leur carrière. Le tort qui sera causé à leur art sera si subtil que ce n'est qu'avec le temps qu'il deviendra évident.

Le temps finit par démasquer toute fausse déclaration exprimée dans une volonté de renoncer à son propre sens de la vérité, pour se rapprocher de la vérité d'un groupe qui est socialement dominante ou puissante. Dans les soirées mondaines, nous voyons et ignorons la prétention à la vérité du jour, peu importe si nous y croyons ou non. Mais dans un livre, ça saute aux yeux.

Mais ce qui est plus frappant encore, comme l'écrivait le philosophe René Girard, est de constater que nous puissions nous servir impunément des autres pour mieux nous prévaloir de la vérité du jour. Selon moi, choisir un bouc émissaire qui, pour une raison ou une autre, ne peut pas prendre part au groupe est une faute plus grande et profonde. C'est la seule mise en garde que j'ai faite aux jeunes qui veulent écrire. Cette mise en garde est difficile alors que les points de vue socialement acceptés sont séduisants pour les jeunes, surtout lorsqu'ils sont transmis dans les universités et sont perçus, par des gens qu'on admire, comme ayant une portée considérable.

Comme le dit Nietzsche, « les hommes croient à la

vérité de ce qui fait manifestement l'objet d'une foi solide ». Plusieurs de ces vérités sont devenues le mantra de notre société littéraire d'aujourd'hui parce que, selon ce qui est admis, une société littéraire est « proactive » selon les paramètres d'une idéologie de centre gauche. Pour certains, il est carrément absurde de réfuter cette approche ou de voir la vie d'un œil positif en la regardant d'un autre angle. Ceux qui le font sont tôt ou tard rejetés. Quand ils sont rejetés, ils ne sont pas appelés des renégats. Ils sont traités de « conventionnels », alors que ceux qui s'accrochent au mantra seront qualifiés d'originaux.

Cette situation est particulièrement contrariante pour quiconque est issu d'un coin du monde qui a la réputation d'être conventionnel, telles les Maritimes. Ce qui pose un double inconvénient pour nous. Si nous tentons d'écrire sincèrement à propos de notre propre expérience avec la conviction que celle-ci est aussi magnifique et humaine qu'aucune autre, nous nous plaçons déjà en retrait du mille. Du moins, c'était le cas quand j'étais jeune homme.

À première vue, il ne semble pas y avoir de difficulté à se rapprocher des autres professionnels qui semblent mieux connaître le monde que nous. Peut-être est-ce même si facile que vous sentez que vous avez toujours appartenu au groupe. Et si vous êtes d'accord avec les opinions du groupe, alors, vous êtes à la bonne place. Cependant, il arrive que des opinions soient reformulées pour mieux en épouser d'autres plus à la mode. Et bien souvent, les opinions d'un groupe sont purement notionnelles, sans

fondement dans l'expérience. Et ceci est un problème qui comporte un danger : le problème des suppositions plutôt que de la vérité.

« Avant tout, la poésie est la liberté. / Oubliez la rhétorique, la ruse du mensonge, / tous les poètes l'apprennent un jour ou l'autre » nous signale Irving Layton. Il a raison. Mais si Layton fait une grande déclaration ici, il révèle surtout une condition. La poésie *est* la liberté. Elle doit nécessairement être libre pour être de la poésie. C'est pourquoi vous devez la protéger comme vous le feriez pour la liberté.

Je vais paraphraser Alice Munro, qui un soir a confié à mon bon ami Jack Hodgins : « On parle de la famille littéraire. — Je n'ai aucune idée de ce que ça veut dire. — Les écrivains sont fondamentalement seuls. » Elle a raison. Margaret Laurence parlait de la « race » des écrivains. Je ne crois pas qu'une telle race puisse exister et rester vraie en même temps. Il faut demeurer à l'affût de tels oxymorons. Les jeunes gens éprouvent souvent une vague et insaisissable envie de joindre leur voix aux opinions d'un groupe en apparence engagé, de se mêler aux gens célèbres.

Et pourtant, comme le suggèrent Munro et Layton, la dynamique d'un groupe peut être synonyme d'abandon de vos valeurs éthiques ou littéraires (j'utilise l'hypothétique, car ce n'est pas toujours le cas), puisqu'une valeur de groupe très marquée est un bâillon qu'on s'impose à soi-même. Refuser d'adhérer à une valeur prédominante ne nuira jamais à votre travail : les Beethoven, Dostoïevski, Keats, Hardy, Brontë, Picasso et Eudora Welty de ce

monde s'y sont refusés bien que ce ne soit pas tâche facile. Votre réputation et votre tranquillité d'esprit pourront en souffrir. Si vous ne vous rangez pas du côté de l'acceptable, on vous croit dans l'erreur. Ainsi, cette indépendance est la chose la plus difficile, mais aussi la plus précieuse que tout artiste puisse accomplir. Trouvez le moment opportun et sortez du rang. Vous ne perdrez jamais au change face aux gens qui font de cet attachement insensé une priorité.

Je m'adresse ici aux jeunes écrivains. Vous seuls pouvez décider d'être vrais envers vous-mêmes en tant qu'artiste ou de tomber dans le piège de ceux qui espèrent vous voir devenir ce qu'ils considèrent acceptable. Peut-être essayez-vous simplement de connaître ce qui est accepta-ble, sachant que cela vous sera utile un jour ou l'autre. Assurez-vous d'abord de savoir ce qui est acceptable à vos propres yeux, écoutez la voix de votre boussole intérieure quand elle pointe vers le nord magnétique. Pour plaire aux prétentions du jour, on ne peut changer le sens de l'aiguille de la boussole sans s'en apercevoir, même si ceux qui nous entourent ne détectent pas la transformation immédiate.

J'imagine qu'enfant, lorsque j'écrivais, du fin fond des bois des Maritimes, les conceptions les plus populai-res de la littérature et surtout, la catégorisation des gens, résonnaient comme un écho lointain. Dès le début, les conceptions populaires de ce qu'*était* la littérature et même la liberté tendaient à m'aliéner, comme l'ont fait plusieurs œuvres qualifiées de brillantes du centre du Canada ou de New York. Peut-être est-ce pour cette raison que cette conversation me paraît si importante. Je ne suis pas en

train de dire qu'il y a une seule façon d'écrire, ni que ces œuvres ne soient pas admirables. Je suggère plutôt aux jeunes écrivains qu'il n'y a qu'une seule bonne façon d'écrire pour *vous* et que vous êtes *les seuls* à pouvoir le faire. J'ai trop souvent vu ces paysages ruraux de ma jeunesse relégués aux oubliettes par des écrivains perçus comme étant importants et éblouissants.

C'est le seul conseil que moi, qui suis entre deux âges, je puisse offrir. La plupart des romans «brillants» qui m'arrivaient par l'entremise de la vie urbaine ne semblaient pas comprendre ma connaissance des hommes et des femmes de la classe ouvrière quand j'avais quinze ans. Plus tard, plusieurs professeurs d'université m'ont dit que les auteurs de ces romans possédaient cette connaissance et que c'était moi qui étais dans l'erreur de penser le contraire.

Ainsi, avant même de terminer l'écriture d'un livre, je me suis fait dire que j'étais dans l'erreur. Si j'avais cru qu'effectivement j'étais dans l'erreur, je n'aurais jamais écrit un roman de ma vie. Face à ce défi à vingt et vingt-et-un ans, et bien que le monde soit différent et que les Maritimes n'aient plus la réputation d'autrefois, je demeure convaincu que les jeunes hommes et femmes d'aujourd'hui, peu importe leurs origines, devront tôt ou tard faire face à ce même défi.

Par exemple, si les membres d'un comité qui peut vous être utile croient que l'écriture doit véhiculer une idéologie de gauche, alors il vous sera plus facile d'être de gauche. Et si une telle épreuve se présente à vous, elle sera d'autant plus symbolique si elle transforme une opinion sur un

personnage qui pourrait se retrouver en situation conflic-
tuelle. La moindre rectification de l'intention d'un roman
au service du confort personnel de son auteur peut réso-
lument faire dévier de l'art authentique. Nous ne sommes
pas tous des héros comme Roark dans le roman *La Source
vive* d'Ayn Rand, où l'auteure s'attaque au problème de
l'artiste qui refuse les conventions, même s'il leur doit son
succès. Pour faire passer son message, Rand atteint parfois
le comble de la simplification, mais le message passe, et il
est aussi pertinent aujourd'hui qu'à l'époque. Tout comme
l'était Alden Nowlan quand il a encensé Brian Bartlett
pour ne pas avoir succombé à la mode nombriliste d'amis
plus populaires que lui.

Mais se défendre de son art est une nébuleuse mécani-
que de l'esprit, et il est difficile d'écrire sur ce sujet. Tous
ne sont pas incommodés au sein de groupes qui revendi-
quent une homogénéisation de la politique dans la culture
littéraire. Mais dans un sens, je crois que les meilleurs
écrivains sont profondément mal à l'aise dans ces groupes
auxquels ils ont dû tenir tête toute leur vie, comme aussi
les grands peintres et les grands musiciens. Ils ont traversé
de rigoureuses intempéries, parfois sans dénouement tan-
gible; à tel point qu'il semblait futile de suivre le nord de
leur boussole intérieure.

Je m'arrête un instant sur ce mot: «semble».

Au moment d'écrire sa plus célèbre symphonie,
Beethoven fut hué, détesté et traité d'agresseur de femmes
et d'enfants. Son avocat et son neveu le croyaient fou; de
honte, ils voulurent le faire emprisonner. Devenant sourd

et aveugle, ces monosyllabes étaient tout ce qu'ils pouvaient leur transmettre : « ta ta ta ta, ta tata ta tat, ta tata ta ta ! » Ce qui aux yeux de son entourage était la preuve irréfutable de sa démence, allait devenir la pièce de résistance de la Symphonie nᵒ 9, « Ode à la joie ». Je me permets de penser que s'il n'avait pas été honni, isolé, rejeté, si on ne l'avait pas cru fou, il n'aurait peut-être jamais composé la plus grande œuvre musicale jamais écrite. Ce serait du faux romantisme de croire que l'un est tributaire de l'autre. Mais qu'à l'époque, Beethoven faisait l'objet de railleries et il était considéré comme une véritable faillite par les musiciens qu'il avait contestés pendant toute sa vie. Ils jubilèrent de moqueries, exultèrent devant sa défaite professionnelle et personnelle et bousillèrent sa réputation. Combien d'entre nous, qui adulons la grandeur artistique, installés confortablement, aimerions nous retrouver une nuit dans la peau de Beethoven pour accomplir ce qu'il a fait ?

Ce que j'essaie de dire, bien entendu, c'est que Beethoven n'a pas voulu se trouver dans cette situation. Il n'a pas souhaité se faire détester et renier par sa propre famille. Mais il ne pouvait tout simplement pas abandonner les exigences de sa conscience créatrice au profit de son confort personnel. L'exemple est dramatique, certes, mais il ne fait pas exception à la règle.

Il est vrai que depuis les années 1970, Beethoven sert d'emblème de la masculinité violente et unidimensionnelle dans de nombreux romans canadiens et américains très bien cotés (et dans la pléthore de documentation théorique

qui les accompagne). En fait, dans plusieurs romans, la masculinité n'est pas perçue autrement, particulièrement si elle est issue de la classe ouvrière. Et hors de tout doute, Beethoven est un emblème.

À l'exception de son «Ode à la joie».

Et c'est là, pour les adeptes de la précieuse sémantique littéraire de notre époque, que réside le cœur du problème. Je suis d'avis qu'il faut parler d'un personnage comme Beethoven à sa juste valeur. À mes débuts, lorsque j'exprimais cette opinion à mes professeurs ou à d'autres écrivains, on me considérait dans l'erreur.

Je ne sais pas trop pourquoi, lorsque j'ai commencé à écrire, et pendant de longues années, les critiques étaient convaincus que parce que la violence était le plus souvent unidimensionnelle et masculine, elle devait être facile à définir et à renverser. La «figure autoritaire» s'incarnait dans un certain type d'homme, et il fallait absolument être contre lui et écrire contre lui. Ainsi, pour les érudits, il était facile de pointer les coupables du doigt.

Le pire était de constater que beaucoup trop de gens instruits étaient bien à l'aise avec cette situation. Dans un Canada urbain, intellectuel et fortuné, il s'agissait d'un moyen de catégoriser les gens, et ceci était bien vu. Le seul problème : certains de ces textes ne connaissaient rien à la violence, ni son déploiement, ni sa sournoise face publique, ni son visage coercitif. Cette violence contrariante et choquante n'était rien de plus que le travail physique, cet incompris tant exécré, à l'image des personnages qui l'exercent.

Avec le recul, je m'aperçois que pendant longtemps, je n'ai pas connu de succès parce que j'étais en désaccord avec les personnes qui attachaient tant d'importance à ce qu'elles auraient voulu que mes œuvres disent. Je semblais être du mauvais côté de la clôture. Mon œuvre était physique et semblait violente. Mon oeuvre semblait misogyne, dégradante pour les femmes. Mon œuvre semblait, comme un de mes amis me l'a un jour avoué, trop imprégnée du monde ouvrier. Mais le pire de tout, c'est que pour lui et bien d'autres, mon œuvre sortait des cercles universitaires et semblait anti-intellectuelle.

Bien sûr, le mot clé ici est « semble ».

Le mot « semble » occupe une place de choix dans la littérature depuis Shakespeare en passant par Dickinson ou Milton. Shakespeare et Milton l'utilisent pour exposer au grand jour une espèce de contrefaçon. « Semble » est le mot qui, telle une araignée d'eau, glisse sur la conscience de tous les hommes et les femmes de bonne volonté, et transforme en réalité ce qui n'est qu'une apparence. Ce qui « semble être violent » n'est peut-être pas violent et ce qui « semble être soucieux et compréhensif » est peut-être, en réalité, moralisateur et intolérant.

Dans *Le Paradis perdu* de Milton, les apparences sont trompeuses lors de la rencontre entre Belzébuth et Satan aux Enfers ou au moment de la tentation d'Ève. Les « apparences » sont une approximation ou la perversion d'une grande vérité qui, au fil du temps, se transforme en mensonge brutal et meurtrier. Brutal et meurtrier: un peu fort peut-être? Mais si nous acceptons de changer un

tant soit peu un paysage ou les traits d'humanité les plus subtils de nos personnages dans le but d'appartenir à un groupe, nous perdons dès lors le courage de délibérer sur les enjeux importants qui dépassent l'intérêt de ces groupes pour s'approcher de l'art absolu.

Au cours des dernières années, j'ai découvert qu'en tant qu'écrivain, je suis censé vivre en similarité d'esprit avec les autres écrivains canadiens. Il semblerait que nous aspirions tous aux mêmes choses. J'ai en ma possession des lettres du groupe PEN, de l'Union des écrivains et du Conseil des Arts du Canada pour le prouver. Peut-être est-ce la vérité, qui sait? Peut-être avons-nous effectivement les mêmes aspirations. Je ne jurerais pas le contraire. Mais il est possible que ces aspirations soient le point d'arrivée de multiples chemins. Et je présume que c'est ce que tout le monde affirme espérer.

Et pourtant, quand je suis devenu plus connu, certains ont cru que je me mettrais à penser comme eux. Qu'une fois que je goûterais à l'univers urbain et tellement plus complexe des autres, je changerais le regard posé sur mon propre univers. Que ma perception de mon environnement s'apparenterait soudainement à celle des autres qui n'y connaissent rien. L'idée de l'homogénéité des opinions parmi les gens connus en est une puissante dans les cercles littéraires d'aujourd'hui. Pourquoi seriez-vous connu si vous avez des opinions divergentes?

«Imaginez tout ce qu'il est possible d'accomplir lorsqu'un groupe de personnes partageant les mêmes idées se réunit» m'a un jour écrit l'époux d'une écrivaine très connue.

Oui, bien sûr, ai-je répondu, je peux l'imaginer, et je ne ressens aucunement le besoin de me joindre au groupe. Croyez-moi, si j'avais eu les mêmes idées que les autres écrivains de ce pays ou d'ailleurs, je n'aurais jamais écrit *Blood Ties*, ni *For Those Who Hunt the Wounded Down*, ni *Lives of Short Duration,* ni encore *Mercy Among the Children* [La Malédiction Henderson]. Je n'aurais même pas pu concevoir l'idée de les écrire. Car plusieurs parties de mes romans, qu'ils soient bons ou mauvais, naissent de la conviction que si je m'en tenais aux théories d'un groupe quelconque, ces livres et leurs personnages n'existeraient tout simplement pas. Mais autre chose me dérangeait, c'était cette idée que les membres du groupe sont « les bons » qui imposent les transformations dont le monde a tant besoin, et que ces transformations doivent à tout prix être expliquées dans le contexte d'une œuvre littéraire; que mes personnages devaient incarner les changements dont le monde a tant besoin. J'ai découvert qu'il y a presque toujours une déformation de l'expression « personne partageant les mêmes idées », et une fausse représentation de l'art. Bien entendu, je sais que certains changements sont nécessaires. Qui suis-je pour dire le contraire?

Mais j'ai appris que ces « changements nécessaires », que certaines personnes embrassent inlassablement, démentissent catégoriquement l'intérêt littéraire de l'univers où j'ai grandi, et qui prédomine dans mon écriture. Ils récusent à ce milieu rural, avec ou sans ses imperfections, la valeur que j'exige dans tous mes livres. Comme je l'ai mentionné, pour beaucoup de gens l'un des plus grands

défauts de cet univers est le travail physique, une réalité que plusieurs, isolés dans leur urbanité, n'ont jamais essayé d'explorer ni de comprendre.

En d'autres mots, pour être de bonne foi — un bon gars — il aurait fallu qu'il soit clair, dans mes ouvrages, que je veuille que ces personnages changent. Que dans *Blood Ties*, Cecil et Leah deviennent des femmes responsables de la classe moyenne. Elles auraient ainsi été acceptables et auraient eu un système de valeurs plus progressif. Je parle ici de ma propre expérience, c'est celle que je connais.

J'en suis toutefois venu à la conclusion que plusieurs écrivains des Maritimes ont vécu la même chose que moi et reçu les mêmes coups bas, parce qu'encore aujourd'hui, du moins dans ma génération, le portrait que nous faisons de nos traditions n'est certainement pas plus négatif que celui d'autres prétendus systèmes de valeurs.

Je crois que ceci est vrai pour les meilleurs ouvrages de Nowlan, MacLeod, Buckler, Trethewey et bien d'autres. Je ne crois pas que cette situation soit comparable ailleurs au pays. Plusieurs raisons peuvent expliquer ceci, dont la moindre est l'arriérisme. Dans certains cercles (du moins lorsque j'étais plus jeune) et dans certains cercles littéraires puissants composés de critiques et d'éditeurs, on perçoit ces traditions comme une forme d'arriérisme, comme de l'ignorance ou du «parti pris».

Il va sans dire que des écrivains comme Nowlan et MacLeod, Buckler et Trethewey ou de plus jeunes tels Ken Harvey ou Joel Hines, sont tout à fait à l'opposé de l'arriérisme, de l'ignorance et des préjugés. Leurs univers

témoignent d'un scepticisme sain face au pouvoir (tant chauviniste que féministe), d'une bonté inhabituelle envers les moins nantis, d'une recherche incessante de l'égalité entre hommes et femmes et d'un désintérêt des connaissances notionnelles en faveur de l'expérience durement acquise. C'est peut-être l'aspiration des écrivains contemporains, pourtant si peu d'entre eux ont le pouvoir d'évocation de l'expérience acquise que l'on retrouve dans les livres de Trethewey, Nowlan, Harvey, Hines, MacLeod ou Buckler. Plusieurs de ces auteurs ont, de leur vivant, été rejetés sans autre forme de procès ou choisis comme boucs émissaires. Mais combien d'écrivains qui les ont rejetés peuvent se targuer d'avoir leur force et leur « instinct de vie », pour employer l'expression d'Oscar Wilde.

Prenez le cas des deux écrivains les plus comiques du Canada anglais, tous deux de l'Atlantique, Herb Curtis et Wayne Johnston. Ni l'un ni l'autre n'a été lauréat du prix Leacock, qui récompense l'écriture humoristique. Pourquoi ? Probablement parce que leurs œuvres sont tellement humaines qu'elles sont perçues comme vulgaires. Ces deux auteurs possèdent aussi une qualité qui reste cachée. Tout comme Nowlan dans ses poèmes savait ce qui était vrai, Curtis et Johnston savent ce qui est drôle. Il faut savoir ce qui est drôle pour être drôle, ou du moins pour juger de ce qui est drôle.

Ceux qui ne peuvent pas juger de ce qui est drôle n'auront pas plus de succès à juger de ce qui est véritablement tragique. Dans les lettres canadiennes, ce qu'on considère comme tragique n'est rien d'autre que le renfor-

cement d'une vision du jour de la non-rectitude politique chez la classe moyenne intellectuelle.

Les essais de Wayne Curtis (le frère de Herb Curtis), parmi les meilleurs de la littérature du Canada anglais, sont souvent rejetés parce qu'ils semblent tellement ordinaires. Mais leur instinct de vie surpasse parfois de beaucoup celui d'œuvres primées.

J'aimerais parler brièvement d'un autre problème, d'un problème plus terrible en quelque sorte. Pour assurer la collaboration à l'intérieur d'un groupe, il faut presque toujours avoir un bouc émissaire. Si ce groupe croit fermement que la littérature est essentielle à l'activisme social des milieux urbains et que la rectitude politique est une pierre d'assise de la bonne littérature (une idéologie qui prévaut toujours dans le centre du Canada et aux États-Unis, du moins dans les années 1970 et 1980), alors les écrivains qui ne se soucient pas d'activisme social des milieux urbains seront le bouc émissaire du groupe. Surtout si au premier abord, leur refus semble entrer en conflit direct avec le statu quo du moment, comme ce fut le cas pour Nowlan et MacLeod.

Je vais vous révéler un secret : peu importe le groupe, l'organisme ou l'institution, il y aura toujours des exclus. Ce qui ne pose pas problème, à moins qu'on ne se serve de leur non-appartenance pour être malhonnête et leur refuser ce qu'ils méritent.

Il n'y a pas eu de Prix du Gouverneur général pour *A Lost Salt Gift of Blood* [Cet Héritage au goût de sel].

Bah, il n'y a pas eu de prix Nobel pour M. Léon Tolstoï.

À la manière d'enfants dans une cabane nichée dans un arbre, nous décidons qui peut entrer dans le groupe ou non. Au début, la cabane est fantastique; nous n'y sommes que quatre ou cinq admis. Mais tôt ou tard, nous constatons que nous sommes encloisonnés et que la seule façon de nous sortir, c'est de redescendre. Le vrai problème avec ce groupe c'est que quelques-uns n'ont que le talent de rester en place.

Il ne faut surtout pas sous-estimer le pouvoir d'attraction de la cabane. C'est de là que les membres peuvent exercer leur autorité et refuser l'accès aux hommes et aux femmes. Les critiques et les membres des comités littéraires qui décernent les prix et les bourses auront toujours le pouvoir absolu sur l'écrivain et l'artiste qui, en bout de compte, apparaîtront plus sages et meilleurs.

C'est le secret que découvre Boris dans *Guerre et Paix*. Grâce à ses contacts, il est invité à rencontrer le prince Andreï tandis qu'on fait attendre un général de l'armée à l'extérieur. Boris constate que le fait d'être à l'intérieur confère un pouvoir sur les autres, peu importe la qualité de votre propre talent, et il s'en sert à profit. Il demeure que des centaines d'hommes du Politburo destinés à la mort comprendront, grâce au camarade Staline, qu'en cédant leur âme au profit du pouvoir, ils n'étaient plus que la moitié d'eux-mêmes dès leur premier pas à l'intérieur du cercle.

Si vous vous rangez aux idées courantes au point de ne plus pouvoir exprimer les vôtres dans votre œuvre absolue au risque de nuire à votre relation avec ceux qui vous procurent une sécurité, alors vous retranchez une part de

vous-même. J'essaie de vous mettre en garde : sachez que si vous vous fiez aux autres en vous pliant à leur doctrine ou à leur conception de la vérité, un jour, vous devrez arriver au triste constat que vous avez effrité les qualités qui vous protégeaient des exigences des autres face à la valeur artistique de votre travail. Et lentement, votre capacité à déterminer la vertu artistique des autres s'en trouvera entravée.

La vérité, que ce soit celle de ces personnes qui partagent les mêmes idées ou celle de la vertu artistique, devient interchangeable, que ce soit en 1974 quand j'étais garçon ou en 2007. L'une équivaut à l'autre, et vous finirez par chercher à comprendre ce que font les autres pour appartenir au groupe, pour éviter de devenir le bouc émissaire… pour que votre travail ne soit pas malmené et laissé pour compte. Irai-je jusqu'à dire que c'est le sort de tous ceux et celles qui adhèrent à la théorie commune ? Non, mais il s'agit de la tendance.

Deux personnages du *Premier cercle* de Soljenitsyne illustrent cette tendance. Le premier est un écrivain très apprécié par Staline à l'époque. En Union soviétique, ses romans sont considérés comme des chefs-d'œuvres. Il vit dans un très grand appartement et assure une vie confortable à sa femme et à ses enfants. Lui seul sait qu'il ne dit pas ce qu'il a dans le cœur. Pourtant, chaque fois qu'il tente d'écrire le « vrai roman », celui qu'il se sent destiné à produire, il a l'étrange sentiment que Staline le surveille par-dessus son épaule. Chaque fois donc, il modifie légèrement le roman. Et chaque fois il se dit que le prochain roman sera celui de la vérité.

Le second personnage est un détenu de la prison de Lubianka, à qui l'on demande, ainsi qu'à d'autres intellectuels, d'inventer un détecteur de voix afin de faciliter l'arrestation d'un homme recherché par le NKVD qui aurait averti un ennemi de l'État par un appel téléphonique. Le prisonnier en question est un brillant scientifique et il sait exactement comment fabriquer cette machine pour que Staline puisse mettre la main au collet de cet homme. Mais il y a un problème. Le prisonnier est libre. Comment est-ce possible ? Parce que les hommes de Staline ont fait une erreur en l'arrachant à tout ce qu'il aimait dans la vie, en lui coupant tous ses espoirs. Il n'a plus d'enfants, de femme, de maison, de travail ni de réputation. Devant le gardien de cette prison qui lui demande une faveur, ce n'est ni le gardien, ni l'auteur des soi-disant chefs-d'œuvre, ni même Staline qui est libre ; c'est lui. Il s'agit d'une liberté durement acquise. Mais c'est celle à laquelle un écrivain doit aspirer. Elle est aussi difficile à atteindre que celle d'un alcoolique qui choisit d'abandonner sa bouteille pour se libérer. Il y aura des nuits de tourmente.

Il faut moins s'arrêter sur le sort des inclus que sur celui des exclus. Trop souvent, nous avons réussi à exclure un artiste qui ne méritait pas un tel sort, et qui en fait méritait plus que tout autre des éloges. Quiconque ne voit pas là un credo tacite de la culture populaire refuse délibérément de constater que cette culture s'autocensure au point où toute vérité devient suspecte. De son vivant, la vérité d'Alden Nowlan apparaissait tout à fait suspecte

pour plusieurs. Aujourd'hui, il est le poète préféré de ces mêmes personnes.

Ce que plusieurs personnes de notre milieu social littéraire ne réalisent pas c'est que si tous les grands livres sont politiques, les ouvrages politiques sont très rarement des grands livres.

Lorsque j'étais jeune homme, mon nom clairement indiqué sur un porte-nom, j'assistais à des conférences. C'est là que j'ai appris à reconnaître cette clause d'exclusivité cachée chez certaines des figures littéraires les plus notoires. Malheureusement, comme je l'ai déjà mentionné, ceux qu'on excluait portaient également le blâme des nombreux maux des sociétés modernes que ces auteurs désiraient eux-mêmes déchiffrer sur papier. Ces exclus, je pourrais les traiter de rustres. Je pourrais les traiter d'ordures ou même, comme une personne de la CBC a qualifié un de mes personnages, de «bagarreurs illettrés».

Je pourrais également accuser mes personnages. Toutefois, puisque j'ai moi-même grandi avec des gens comme eux, je n'avais aucunement l'intention de les blâmer ou de rejeter leur humanité pour pouvoir m'absoudre, moi ou ma classe intellectuelle.

Écrivez ce que vous avez à dire, mais n'essayez surtout pas d'atteindre la rive en naviguant des eaux qui vous feront chavirer. Si vous venez du Canada rural, n'écrivez pas sur votre univers simplement pour flatter une sensibilité urbaine. Pour le bien de littérature, ne laissez pas croire à vos lecteurs que ce qu'ils veulent entendre est ce qu'il leur

faut entendre. La littérature canadienne l'a déjà trop fait, et c'est une tragédie.

«Avant tout, la poésie, c'est la liberté» disait Layton et il ne faut jamais l'oublier, en enfer comme en eaux troubles.

Je veux dire aux jeunes écrivains qu'ils peuvent s'attendre à être durement jugés pour avoir dit la vérité. Sachez que vous seuls pouvez raconter la vérité telle que vous la percevez, et non comme les autres la perçoivent. Et si vous le faites bien, vous serez libéré et vos personnages le seront aussi. La vérité est à la source du mythe et de la grâce. Votre plus belle contribution au monde est de vous prévaloir de votre droit d'écrire sur vos sentiments, et ne laissez personne, même ceux qui vous semblent plus importants, vous dicter la nature de vos sentiments.

Rien n'est garanti, mais sans cela, il n'y a pas d'espoir.

Une chose est certaine : à l'instar de Nowlan, Trethewey, Buckler ou MacLeod, vous ne serez jamais forcés de vous prêter au jeu des apparences. Si vous tentez de dire la vérité au sujet de votre monde — telle que vous seul la voyez, la vérité empreinte de compassion dont le monde de l'artiste a besoin — vous serez presque à coup sûr un exclu tôt ou tard, et par moments vous vous sentirez ainsi beaucoup plus seuls que dans le rôle de l'exclu que l'on joue souvent avec désinvolture dans ces cercles fermés, sans en éprouver de sacrifice ni en saisir la signification.

David Adams Richards

David Adams Richards est né en 1950 à Newcastle, au Nouveau-Brunswick. À l'âge de quatorze ans, il lit *Oliver Twist* et sent immédiatement l'appel de sa vocation d'écrivain. C'est ainsi qu'il se lance dans la vie avec une extraordinaire motivation. Ses premières parutions sont des recueils de poésie : l'opuscule *Small Heroics* ainsi qu'une autopublication intitulée *One Step Inside*.

Au cours de ses études à l'université Saint-Thomas à Fredericton, Richards se joint à un groupe d'écrivains qui se réunit dans le pavillon McCord Hall, l'ancien dépôt de glace du campus de l'Université du Nouveau-Brunswick. Il y reçoit les encouragements d'écrivains établis, dont le regretté Alden Nowlan, que Richards classe parmi ses plus importantes influences aux côtés de Faulkner, Pouchkine, Dostoïevski, Tolstoï et Emily Brontë. C'est à cette époque qu'il rédige les deux tiers de son premier roman, *The Coming of Winter*, paru aux éditions Oberon Press en 1974. En 1976, il fait paraître *Blood Ties*, en 1978 le recueil de nouvelles *Dancers at Night* et en 1981, *Lives of Short Duration*.

Richards se consacre à l'écriture à temps plein depuis le début des années 1980, parfois depuis l'étranger. Au cours de ses longs séjours à distance du Miramichi, il se rend compte qu'il lui est possible d'écrire sur cet univers tant aimé, peu importe où il se trouve. Au cours des années 1980 et 1990, il

est reçu comme écrivain en résidence dans diverses universités au Nouveau-Brunswick, en Ontario, en Alberta et dans le sud des États-Unis. Il s'établit à Toronto en 1997 avec sa femme Peggy et leurs deux fils, John Thomas et Anton.

David Adams Richards est un auteur prolifique : il a fait paraître treize romans, un recueil de nouvelles ainsi que trois essais. Son succès critique et commercial ne cesse de s'accroître. Le roman *Road to the Stilt House* a été mis en nomination pour un Prix littéraire du Gouverneur général en 1985, et en 1988 l'auteur recevait cette même distinction pour *Nights Below Station Street*, premier volet de sa trilogie du Miramichi. *Evening Snow Will Bring Such Peace* a été primé par la Canadian Authors Association en 1991, et trois ans plus tard, *For Those Who Hunt the Wounded Down* a valu à Richards la récompense littéraire Thomas Head Raddall Atlantic Fiction Prize. En 2005, David Adams Richards était décoré de l'Ordre du Nouveau-Brunswick. Il est également titulaire de doctorats honorifiques de l'université Saint-Thomas et de l'Université du Nouveau-Brunswick à Saint John.

La région du Miramichi a toujours été au cœur de son écriture. Lors d'une entrevue accordée au *January Magazine*, il explique que son lien avec la région et la vie rurale de ses habitants est l'une des pierres d'assise de ses écrits, mais il indique que cela ne limite aucunement la portée de son travail. « Il est très important de le souligner parce que ces personnages sont issus de la terre. Ils sont un peu comme des arbres qui s'enracinent dans le sol, dans le fleuve. Un jour, Jack Hodgins m'a dit à propos de mon écriture : "David, en réalité, tu n'écris pas sur la vallée du Miramichi. Tu parles de la rivière Campbell, d'où moi je viens. Chacun de tes personnages, je l'ai connu là-bas". C'est l'un des commentaires les plus aimables qu'un écrivain ait jamais fait sur mon travail. Et mon ami n'avait pas

tort. Bien entendu, mon lien profond est dans le Miramichi. Et bien sûr, c'est la terre du Miramichi qui tisse les destins de ses habitants. Mais s'ils n'avaient rien d'autre à conter, je ne me donnerais pas la peine d'écrire sur eux. »

Les œuvres plus tardives de Richards sont tout aussi bien reçues par la critique. En 1998, son essai *Lines on the Water* sur la pêche à la ligne dans le Miramichi est honoré du Prix du Gouverneur général, et il se place dès lors au sein d'un groupe enviable : il est seulement le troisième auteur à obtenir la prestigieuse récompense dans deux catégories. En 2000, *Mercy Among the Children* [La Malédiction Henderson] remporte ex aequo le Giller Prize et, en 2001, la Canadian Booksellers Association récompense Richards du Prix Libris dans les catégories roman de l'année et auteur de l'année. Parmi ses romans les plus récents, on compte *River of the Brokenhearted* (2003), les hauts et les bas d'une famille au fil des succès et des défaites d'une salle de cinéma; *The Friends of Meager Fortune* (2006), qui explore de la fin de l'ère de l'industrie forestière, qui a valu à son auteur le Prix du Commonwealth pour la région du Canada et des Caraïbes; et *The Lost Highway* (2007), une intrigante histoire d'avarice, de trahison et de meurtre.

Par ailleurs, Richards adapte plusieurs de ses romans au petit écran, à commencer par *Nights Below Station Street,* en 1990. En 1994, il scénarise la pièce de théâtre télévisée *Small Gifts,* pour laquelle il obtient un Prix Gémeaux. Il reçoit un second Gémeaux pour son adaptation télévisuelle du roman *For Those Who Hunt the Wounded Down* et, subséquemment, il participe à l'adaptation cinématographique de *The Bay of Love and Sorrows,* sorti en salle en 2002.

Antonine Maillet

Née le 10 mai 1929, Antonine Maillet a grandi à Bouctouche, au Nouveau-Brunswick. Première écrivaine acadienne moderne à se tailler une réputation nationale et internationale, elle a écrit plus d'une quinzaine de romans, plus d'une douzaine de pièces de théâtre, des traductions de pièces de Shakespeare, des livrets pour des comédies musicales en plus d'écrire depuis quinze ans des textes inédits pour les divers personnages du Pays de la Sagouine, à l'exception de *La Sagouine*.

Au début de sa carrière littéraire en 1958, Antonine Maillet pénètre dans un espace inconnu dans la littérature canadienne-française, comme elle était nommée à cette époque, l'espace d'une littérature qui n'était ni enseignée ni revendiquée ni même mentionnée dans le reste du pays. Dans les années 1970, de nombreux lecteurs québécois et français découvrent l'existence de l'Acadie à travers l'œuvre d'Antonine Maillet qui donne voix à la culture acadienne.

La Sagouine, publié en 1971, le monologue franc et sans artifice d'une vieille femme qui fait le ménage chez les riches, et *Pélagie-la-Charrette,* publié en 1979, son roman homérique d'une femme déterminée qui ramène proches et amis déportés dans leur Acadie natale et pour lequel elle a remporté le Prix Goncourt, sont toutes deux des œuvres marquantes d'Antonine Maillet. La Sagouine et Pélagie sont devenues des archétypes de l'imaginaire acadien.

Antonine Maillet a reçu d'innombrables prix et distinctions au cours de sa carrière. Écrivaine toujours active, Antonine Maillet est au cœur de la littérature acadienne contemporaine.

Northrop Frye

Northrop Frye est né le 14 juillet 1912, à Sherbrooke, au Québec. À sept ans, il déménage avec sa famille à Moncton, au Nouveau-Brunswick, où il fréquente l'école Victoria et l'école secondaire Aberdeen. Il a à peine seize ans quand il obtient son diplôme d'études secondaires.

En 1929, Northrop Frye quitte Moncton pour étudier à l'Université de Toronto où il passera la majeure partie de sa vie en tant que professeur. En 1947 paraît *Fearful Symmetry : A Study of William Blake* qui est reçu comme un livre important; il est de nombreux livres influents dont *Anatomy of Criticism* (1969), *The Educated Imagination* (1969), *The Bush Garden* (1971), *The Great Code* (1984) et *Words with Power* (1990).

Northrop Frye a eu une grande influence en tant que professeur et penseur, influence qui continue à se faire sentir encore aujourd'hui. Selon Frye, l'enseignement est une sorte de « croisade sociale par laquelle on libère l'étudiant de la vision des préjugés sociaux. » Il a montré à toute une génération au Canada et ailleurs le chemin vers la pensée et l'imaginaire.

Il est le récipiendaire de plusieurs prix et distinctions, dont plus de trente grades honorifiques. À l'automne 1990, Northrop Frye fit une dernière visite inoubliable à Moncton où il a donné des conférences au Moncton High School et à l'Université de Moncton devant des salles combles. Il est mort à Toronto en janvier 1991.